Torge Naß

VOYAGER

Eine Reise durch meinen lyrischen Kosmos

AF219766

1. Auflage © 2022
Layout & Gestaltung: Torge Naß
Grafiken:
Torge Naß, Grand_Scient, GDJ, NASA
Herstellung und Verlag:
BoD – Books on Demand, Norderstedt

ISBN: 9783755778806

Voyager

Dieses Werk zieht seine Kreise
Durch alle Verse die ich schreibe
Während ich ziellos und leise
Durch das Leben treibe

Bin nicht besonders weise
Sondern nur ein grundgescheiter
Psychonaut auf seiner Reise
Die Erfahrung bringt mich weiter

Je Gedicht nur ein Moment
Mal traurig und mal heiter
Von der Muse zum Regent
Wird das Spektrum immer breiter

I

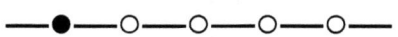

Venus

Momentaufnahme

Still ist es im Park bei Nacht

Nur der Regen tröpfelt auf das Blätterdach

Hier könnt' ich mich vergessen

Hätte es auch fast geschafft

Doch dann hab' ich - versehentlich -

Ganz kurz an dich gedacht

Auf einem Dach in Hunter

Lange sitz' ich hier und warte
Selbst nicht sicher worauf
Habe gute Sicht auf die Vulkane
Zu ihrer Ruhe schau' ich auf

Dies ist nicht mein Ort zu bleiben
Darin liegt grad die Gefahr
Ein nettes Spiel zu weit zu treiben
Ein Alptraum würde wahr

Dennoch sitz' ich hier und warte
Freue mich vielleicht darauf
Es behindern falsche Worte
Aber halten sie mich auf?

Plötzlich geht die Sonne unter
Die Vulkane leuchten auf
Und ich werde wieder munter
Eines Tages brechen sie auch
Sicher wieder aus!

8147,41

für Renée

Mein Körper lebt noch in dem Haus
In dem ich einst zuhause war
Mein Geist jedoch flog unlängst aus
Und ist seither nicht mehr da

Zwischen beiden liegt ein Ozean
Zwei getrennte Kontinente
Bis ich sie wieder binden kann
Für Wochen wie Momente

Ich wäre nicht so grob entzweit
Wäre mein Körper nicht gebunden
Ans Überleben, Raum und Zeit
Und Geld
Es fehlt nicht erst seit Stunden

Gäbe ich nur eines auf
Wärst du für mich verloren
Das zählt
Da wär' ich lieber nie geboren

Saudade de Parnaíba

Alte Gemäuer frisch bunt gemalt, doch
Schmutz und Gestank in den Straßen
Porto das Barcas traurig und leer
Versandet sind Fluss und Hafen

Dann und wann sehne ich mich zurück
Zu Mangos hinter Mauern und Draht
Mit *Moto-táxi* zu lange entrückten
Freunden oder auf nächtliche Fahrt

Erinnerst du dich auch noch daran
Wie es war in *Parnaíba*?
Schön war die Zeit, von Sorgen befreit
Viel zu schnell wieder vorüber

Dann und wann sehne ich mich sogar
Nach Hängematten voll unruhigem Schlaf
Was in der Stadt erst wirklich begann, war
Was später Schatten über sie warf

10

Doch ich weiß, selbst bei Tageslicht
Schiene die Stadt so tot ohne dich
Und du bist weit, das Haus steht nun leer
Die Zeit ist vorbei, du kommst nie mehr
Zu mir zurück

Ganz gleich wie sehnsüchtig ich bin
Werd' ich sie doch nie wieder sehen
Nie mehr auf den Dünen von *Portinho* stehen
Die Erinnerung bleibt, der See schwindet hin

Não vou voltar para Parnaíba
É o ultimo adeus, cidade feia
Não vou voltar para Parnaíba
É o ultimo adeus, cidade feia

Vom alten Schrot und Korn

Der alte Kapitän trat an den Schiffsjungen heran
Welcher am Bug des Schiffes saß
Und immerzu die Zeilen eines Briefes las
Nach einer Weile Meeresblicks sprach er ihn an:

„Nicht ohne Grund ist die Grobheit
Des scheinbar grimmigen Offiziers
Fürchten die Männer nur den Feind
Droht Fahnenflucht die Truppe zu zerreißen
Kummer und Leid wären die Konsequenz
Seiner Kameradschaft und Milde
Ebenso fliehen dir – führst du sie nicht
Stets die Frauen den heimischen Herd!"

Da blickte auch der Junge auf das Meer
Ein paar Tränen rannen durch sein Gesicht
Die Worte des Kapitäns halfen ihm nicht
Sondern verwirrten ihn nur noch mehr

„Lebte ich nach diesem Grundsatz

Würde ich gefürchtet, doch nicht geliebt

Wäre das nicht ein trostloser Weg?"

Wollte der Junge wissen

„Beide Werte widersprechen einander nicht",

War die Weisheit des Kapitäns

„Schütze und stütze sie zu schwerer Stunde

Stehe ihr immer treu zur Seite!"

Dann berichtete er wie Offiziere ihr Leben ließen

Als sie den Rückzug ihrer Männer deckten

Es seien diese Eigenschaften, die versteckten,

Weswegen sie Respekt und Vertrauen genießen

Veranlagt verfallen

Mich fürchtet zu fühlen

Für Frauen gar sehr

Stets ernte am Ende

Ich elenden Schmerz

Dennoch sehnt meine Seele

Sich stetig nach Liebe

Und so erliege ich ewig

Dem Effekt meiner Triebe

Künstliche Kluft

Früher pflegte ich sie

In Mitten der Trümmer meiner Welt

Auf ein erhabenes Podest zu stellen

Und gottgleich zu verehren

Ich hoffte auf Erlösung

Auf Gunst und Zuneigung

Doch die Kluft überwanden sie nie

Furcht hatte sich hinzugesellt

Sie begannen sich zu verstellen

Gequält durch mein Verzehren

Keine Offenbarung

Träume

Wünsche

Falsche Hoffnungen

Wissentlich hineingesteigert

Widerstand kommt stets zu spät

Zwar scheint die vorige Flucht gelungen

Doch hat sich mein Gemüt der Vernunft verweigert

Offenbar ohne Furcht, dass alles aus den Fugen gerät

Ich werfe all das hier notgedrungen in einen Topf

Denn all das schwirrt mir unentwegt im Kopf

Umher und lässt mir einfach keine Ruhe

Mir graut vor dem Punkt an dem ich

Nicht mehr weiß, was ich tue

Unaufhaltsam verrenn' ich mich

Voraussicht aus Erfahrung -

Keine Offenbarung

Nachts unterwegs mit Bus&Bahn

Erinnert an alte Zeiten

Damals wurde noch die Batterie geladen

Durch Zärtlichkeiten

Nur ein kurzes Andichten

&an dich Richten

Es kommen keine
Worte nach

Es kommen keine Worte nach
Denn ich habe kein Gefühl
Taubheit hat mich eingenommen
Bin nicht warm und auch nicht kühl

Zu abstrakt ist die Wunde noch
Die du jäh gerissen hast
Das Leiden wird erst später kommen
Dann folgt keine Reise auf die Rast

Kein Kampf
Kein Betteln
Keine Kraft
Ich ringe noch nach Verständnis

Ohne Hoffnung in Untersuchungshaft
Keine Klage
Keine Frage
Kein Geständnis

Ist es so falsch oder okay?
Oder ist es sogar richtig?
Das einzige, was ich wirklich weiß
Scheint jetzt null und nichtig

Ein Vorzeichen

„Nun sag schon endlich, was ist los?"
Doch als ich es tatsächlich sage
Wirst du erst gekränkt und dann erbost
Dass ich so zu fühlen wage
Du könntest ja schließlich nichts dafür
Du hättest ja auch deine Last zu tragen
Doch schon führst du mich zur Tür
Und ich komme nicht umhin zu fragen:
Schatz, in den zwei Stunden bevor ich kam
Sag, was hast du da getan?
War es wirklich genauso wichtig
Wie nun dieser Kram?
Kein ordentliches Zimmer, kein perfektes Kleid
Alles was ich will, ist ein bisschen mehr deiner Zeit
Dein ordentliches Zimmer, dein perfektes Kleid
Was nützen mir die, wenn ich mir jeden Kuss
Erst erarbeiten muss?

Dass du es scheinbar ertragen kannst

Ist noch das Schlimmste daran

Es geht mir nicht um eine Kleinigkeit

Es ist ein Leid, das ich nicht ändern kann

Aber vielleicht missverstehe ich ja dieses Spiel

Und verlange einfach viel zu viel

Dabei möchte ich bloß bei dir sein

Doch du schickst mich schon wieder heim

Malentendido

Vi tus labios

como sonreían

hablan y comían

Pero prefiero sentirlos

… como besan

Dies ist ein Kuss,

ein virtueller.

Nicht so schön,

aber dafür schneller,

als dich der echte erreicht.

Ich hoffe, er reicht!

Tierische Triebe

Was verstehst du von Liebe?
Das sind bloß tierische Triebe!
Du sagst, du kamst und siegtest
Aber nie wie sehr du mich liebtest

Warum bist du hier?
Du spielst doch nur mit mir
Und beschwerst dich, wenn du fort bist
Du seist so allein

Jetzt stehst du in meiner Tür
Sag, was willst du hier?
Du machst hier einen auf Liebe
Dabei ist alles nur Lüge

Warum bist du hier?
Du spielst doch nur mit mir
Und beschwerst dich, wenn du fort bist
Du seist so allein

Dahin

Ich wünschte, ich wollte
Doch ich bin nicht in der Stimmung
Weiß in Wahrheit nicht mal
Was ich gerade fühl'

Wenn ich so in mich horche
Beschleicht mich nur die Ahnung
Dass du dort noch immer
Wieder fall' ich wie ich fiel

Der letzte Traum

Ein letzter Traum erfüllt mein Sehnen
So süß ist er und doch zu bitter
Um ihn in den Mund zu nehmen
Also führt er meine Feder

Ich träume mich in deine Arme
Dort liege ich behütet und geborgen
Ungeliebt erfahre ich deine Wärme
Und falle in einen Schlaf ohne Morgen

II

Saturn

Hedone

Verwechsle nicht das Glück
Mit überschwänglicher Freude
Jage nicht bloß von Kick zu Kick
Der meist vergeht noch heute
Und kleiner wird von Mal zu Mal

Verzehre dich nicht nach Dingen
Die unerfüllt nur Unrast bringen
Befreie dich nach Möglichkeit
Von allem Kummer und von Leid
Strebe nach Freiheit von der Qual

Denn Glück liegt in der Seelenruhe
In vollkommener Zufriedenheit
Die leichter zu erreichen ist
Wenn du sorglos und genügsam bist
Unabhängig von teurem Material

Der erste Schritt beginnt im Nue
Mit deiner Liebe zu dir selbst
Der du als einziger berufen bist
Als Hüter deines Leibs und deiner Seele
Verantwortung ist die Moral

Denn nur wer sich selber liebt
Ist seines eigenen Glückes Schmied
Und hat zugleich genug der Luft
Wenn ein anderer nach Hilfe ruft
Ganz selbstlos sein wäre fatal

Eines Tages

So lange ich schon denken kann
Heißt es immer „irgendwann"
So lange habe ich danach gestrebt
Und diese Zeit in Qual verlebt

Töricht ist, wer den Moment verbringt
Indem er von der Zukunft singt
Ziehst du nicht auch aus schlechten Zeiten
Kraft zum Leben
Wirst du diese Zukunft nie erleben

Doch wie bekommt man dies gelehrt
Wenn man seine Träume doch so ehrt?
Wozu soll ich noch vergebens streben
Will ich doch bloß glücklich leben?

Nachtfahrt im Bus

Wieder auf der Heimreise
Ich wünschte, ich könnte mich
Etwas mehr darüber freuen
Doch wartet auf mich zu Hause
Nichts
Ich bin allein

Frühe Erkenntnis

Wir werden so unbemerkt verschwinden
Wie wir einst gekommen waren
Sollte man sich doch an uns erinnern
Werden wir es nie erfahren

Es ist egal, was du erreichst
Was nützt dir das, wenn du einsam bist
Alleine durch dein Leben schleichst
Unbedeutend und unvermisst
Sinnlos deine Zeit verstreicht?

Was hängst du da so alleine 'rum?
Komm doch zu uns!

Ich würde mich so gerne unter die Leute mischen

Aber ich weiß nicht, wie das geht

So viele Gespräche, zu denen ich nicht gehöre

Um die man sehr geschlossen steht

Ich weiß nie, ob ich womöglich störe

Wenn man mich nicht deutlich einlädt

Kann immer nur im Trüben fischen

Für den offenen Eindruck ist es längst zu spät

Odysseus (Die Scherben deiner Träume)

Manchmal muss man abaschen

Schau dich doch mal an

Siehst aus wie Tod auf Latschen

Starrst Löcher in die Wand

Die Scherben deiner Träume

Sind noch nicht aufgeklaubt

Und alle deine neuen

Sind bloß Schall und Rauch

Es tut noch immer weh, aber endlich siehst du klar

Findest dennoch keinen Weg, auch wenn da einer lag

Und du schwörst dir es wird nie mehr wie es war…

Immerdar

Manches kann man abwaschen

Narben bleiben dran

Das einzige, was bleibt

Nach aussichtslosem Kampf

Als Einzelne entbehrlich

Beschimpft und oft verschmäht

Fehlt doch das Fundament
Wenn wir plötzlich alle gehen

Es tut noch immer weh, aber endlich siehst du klar
Findest dennoch keinen Weg, auch wenn da einer lag
Und du schwörst dir es wird nie mehr wie es war…
Immerdar

Fern vom ruhigen Hafen
Herrscht ein rauer Wind
Er trägt den Duft von Freiheit
Und weht doch nirgends hin
Wenn das Heulen der Sirenen
Am Horizont verhallt
Erblickt vielleicht Odysseus
Den feinen Silberstreif

Es tut noch immer weh, aber endlich siehst du klar
Findest dennoch keinen Weg, auch wenn da einer lag
Und du schwörst dir es wird nie mehr wie es war…
Immerdar

Komm, sei doch mal nett (Elis Song)

Komm, sei doch mal nett zu dir

Sei doch mal einfach mal nett

Komm, sei doch mal nett zu dir

Hab' etwas Selbstrespekt

Komm, probier' mal was Neues aus

Sonst kommst du doch nie vom Fleck

Komm einfach mal aus dir raus

Entdecke, was in dir steckt

So vieles zu erleben

So vieles zu verstehen

Doch man kann es nicht erklären

Du musst es schon selber sehen

Drum breche aus dir aus

Du musst es schon selber sehen

Breche aus dir aus

Wir werden gemeinsam gehen

Compliance

The work isn't done once you found the answers
Still, every single battleground has to be won
Independently as if the answers weren't the same
Every single time

You have to get rid of those fears and self-doubts
You have to get rid of the false believe
That desires were the needs of your brain
Essential to your life

They are fooling you, manipulating you
Into doing what you otherwise wouldn't even mind
To enslave yourself to an external end
Existing only because we all comply

Durch das Grün der Landschaft

Die Sonne stiehlt sich durch das Blätterdach
Umschmeichelt mein Gesicht
Ich streife durch die Farne, den Tau an meine Beine
Der Nebel lichtet sich

Der Aufstieg ist lang, doch hier gehe ich gern
Hier bin ich *ich*
Es herrscht Stille bis auf Vögel und den Bach
Der durch das Grün der Landschaft bricht

Das ist Schottland im Morgenlicht

Dann stehe ich am Hang und blicke in das Glen
Ich könnte die schwammigen Berge umarmen
Mich für weitere Stunden hier verlieren
Aber leider fehlt die Zeit dafür

Der Ernst des Lebens greift nach mir

Bedaure nicht wie kurz

Die Kirschen in der Blüte stehen

Noch erfreut dein Herz

Das Frühlingsgrün

III

Mars

Weil ich nichts zu sagen wusste

für Nico S.

Was der kluge Geist sich stolz erdacht

Ward als bald zu Papier gebracht

Sogar Geduld und Mühe sollten walten

Wollten es im Kopf behalten

Schon nach wenig genutzten Tagen

Gelang dem Dichter sein Betragen

So gerüstet und kaum befangen

Ward er gerufen anzufangen

Mutig stieg er dann empor

Die Meute zu erheitern

Und sollte so wie nie zu vor

In verkannter Würde scheitern

Zwar weiß man es bedeutet nichts

Und Dennoch…

Tief im Herzen sticht's

Und wie aus der Asche nach Erlischen

Wieder neues Leben bricht

Wuchs aus den Trümmern deiner Hoffnung

Lang ersehnt ein neu' Gedicht

Enthauptung

Nie wieder sollte einer seines Blutes
Den Thron besteigen oder Macht genießen
Darum ließ man des Letzten Blut
Gegen das Recht, doch frohen Mutes
In Strömen auf dem Markt vergießen
Im Namen des Herrn hieß man dies Gut
Um zu vertuschen, dass man seine Gesetze brach
Um den Wettbewerber nieder zu strecken
Aber man unterschätzte die beschworene Wut
Sie folgte auf die Empörung und den Schrecken
Beflügelte den Markt der Macht
Und ihre Schmach

Umverteilung

Heimlich

Hat sie die Pille abgesetzt

Sie wurde schwanger

Dann trennte sie sich

Und hat Unterhalt erklagt

Widerlich

Gedanken auf der Autobahn

Begeistert beschleunige ich immer wieder
Werde von der Landschaft sehr betört
Und das Radio spielt so viele Lieder
Die ich noch nie zuvor gehört

Meine Gedanken schweifen in die Ferne
Eilen voraus ans lang ersehnte Ziel
Erwartungen prangen dort wie Sterne
Seit die Mauer endlich fiel

Dann wandert mein Blick über die Straße
Und zurück ins Jetzt und Hier
Trotz allem, was ich sie entbehren lasse
Schläft sie dort selig neben mir

Dafür, dass sie all die Strapazen erduldet
Und dafür, dass sie mich begleitet
Habe ich mich bei ihr hoch verschuldet
Auch wenn sie es stets bestreitet

Denn unsere Reise führt ins Unbekannte
Ist ein vollkommener Neuanfang
Und auch wenn sie es nie bekannte
Weiß ich, tief im Herzen ist ihr bang'

Während ich vor Freude Schäume
Vor Neugier und auch Tatendrang
Auf zur Erfüllung meiner Träume -
Noch bin ich ein junger Mann

Zwar hab' ich sie nicht überwunden
Die Gräuel der Vergangenheit
Aber ich bin sicher diese Wunden
Werden heilen mit der Zeit

Und die Sonne geht im Spiegel auf
Die Straße gleitet weiter fort
Windet sich das fremde Tal hinauf
Führt mich näher an jenen Ort

Stell dir vor

Stell dir vor es gäb' keinen Vater Staat
Der überall seine Finger hat
Stell dir vor es gäb' keinen Vater Staat
Der überall seine Finger hat

Dann gäb' es keine Autobahn
Keine Müllabfuhr oder Straßenbahn
Dann gäb' es keine Autobahn
Keine Müllabfuhr oder Straßenbahn

Stell dir vor es gäb' keinen Vater Staat
Der überall seine Finger hat
Stell dir vor es gäb' keinen Vater Staat
Der überall seine Finger hat

Dann gäb' es Chaos überall
Hände hoch, dies ist ein Überfall
Dann gäb' es Chaos überall
Hände hoch, dies ist ein Überfall

Stell dir vor es gäb' keinen Vater Staat

Der überall seine Finger hat

Stell dir vor es gäb' keinen Vater Staat

Der überall seine Finger hat

Dann stürben alle den Hungertod

Hätten kein Geld für Kleidung und Brot

Dann stürben alle den Hungertod

Hätten kein Geld für Kleidung und Brot

Ein dummer Mann glaubt daran

Ein dummer Mann glaubt daran

Ein dummer Mann glaubt daran

Ein dummer Mann glaubt daran

Die Union blinder Reeder

Als immer wieder Schiffe versanken
Mann und Maus im Meer ertranken
Beschlossen die Reeder aus allen Ländern
Von großen Schiffen, Dampfern und Barkassen
Sie müssten nun endlich etwas ändern
Und sich nicht mehr auf Vernunft verlassen

Von da an gab man auf einander Acht
Wurde behütet und abhängig gemacht
Man schloss sich zu einer Einheit zusammen
Und baute ein riesiges Schiff, stark genug
Um selbst einen Eisberg zu rammen
Es war nicht ihr erster Selbstbetrug

Aber davon will man bis heute nichts wissen
Möchte die vermeintlichen Vorteile nicht missen
Dabei kennt so mancher nicht die hohen Offiziere
Hat den Kapitän noch nie gesehen
Wer kümmert sich schon um die großen Tiere?
Wer kann schon ihre Navigation verstehen?

Wieder und wieder erfassen uns die Naturgewalten

Planken bersten, Rümpfe lecken, Masten spalten

Gelder fließen und verschwinden in den Wogen

Es muss wohl an den Offizieren liegen

Sie haben uns über ihre Fähigkeiten belogen

Ließen uns fälschlich in Sicherheit wiegen

Dennoch fahren wir voll Gottvertrauen

Durch den Sturm in finsterer Nacht

Hoffen noch immer auf das Morgengrauen

Bangen nicht ums Leben, sondern um die Fracht

Obwohl man das Ende schon absehen kann

Denn *John Maynard* ist unser Steuermann

Ein Schüler

aus meinen Schulunterlagen zu Goethes Faust

Da kommt ein Schüler,

der so gern will etwas lernen

Von der Liebe der Dichter,

von Zahlen und den Sternen

Man verspricht ihm

das Goldene vom Himmel, diesem Tor

Betrogen hat man ihn,

denn er kommt nie wieder vor!

Valentin

aus meinen Schulunterlagen zu Goethes Faust

Valentin ist ein gutes Beispiel warum man im Streit

Lieber erst das Wort, anstatt das Schwert ergreift

Denn hätte er mit Faust erst einmal gesprochen

Hätte dieser ihn nicht sogleich

mit Teufelsstreich erstochen

Gretchen

aus meinen Schulunterlagen zu Goethes Faust

Ein uneheliches Kind, welch Schande, welche Pein

Ach, würde es doch nie geschehen sein

Drum nehme ich das Leben, das ich gegeben

Wieder fort

Und Tausche Schande gegen Mord

Was für eine Überraschung!

Zu viele Jahre nur geprasst

An nichts gespart, den Absprung verpasst

So häuften sich bald Schulden über

Schulden, es ging drunter und drüber

Mit dem Kater kam das Erwachen

„Was sollen wir denn jetzt nur machen?"

„Lasst uns dem Übel in den Rachen schauen

Auf die Gier der Reichen vertrauen!"

Doch trauen sie ihren Augen kaum...

„Ach du lieber Schreck, die Reichen laufen weg

Sie fliehen in fremde Lande!"

„Ohne dieses Geld für das Gute in der Welt

Da kommen wir nicht zu Rande!"

„Es muss was passieren, sie zu kontrollieren

Wir stehen vor der Pleite!"

„Kann doch gar nicht sein, fällt euch gar nichts ein

Ihr sonst so schlauen Leute?"

„Wer will schon schuften um reich zu sein
Wenn am Ende davon kaum was bleibt?"
„Wer hatte nur diese tolle Idee
Das Geld einfach von den Reichen zu nehmen?"
„Nun stehen wir da wie bestellt
Und nicht abgeholt und ganz ohne Geld"
„Wer soll nun die vielen guten Gaben
Den Staatshaushalt, die Schulden bezahlen?"
„Es sind doch auch schon bald wieder Wahlen!"

„Ach du lieber Schreck, die Reichen laufen weg
Sie fliehen in fremde Lande!"
„Ohne dieses Geld für das Gute in der Welt
Da kommen wir nicht zu Rande!"
„Es muss was passieren, sie zu kontrollieren
Wir stehen vor der Pleite!"
„Kann doch gar nicht sein, fällt euch gar nichts ein
Ihr sonst so schlauen Leute?"

Dann müsst ihr wohl eine Mauer bauen!

Denn Vater Staat behält

Das meiste von dem Geld

Das ich mir schwer verdiene

Auch wenn's mir nicht gefällt

Verprasst er's in der Welt

Für Nutten, Koks und Spiele

Er faselt immer zu

Er meine es nur gut

Wolle mich doch nur beschützen

Doch bei so vielem, was er tut

Frag' ich mich voll Wut

Wem soll denn das was nützen?

Fahr ich mal zu schnell

Auch wenn es gar nicht schellt

Legt er mir gleich die Rechnung hin

Mein Foto auf dem Pass

Sieht aus wie aus dem Knast

Da weiß ich doch, woran ich hier bin!

Im Zollamt in der Hafen City

Im Zollamt in der Hafen City

Hängt ein Bildnis von "Claas Störtebecker"

Und zunächst erscheint das sonderbar

Weil der doch gar kein Schmuggler war

Aber dann ergibt es doch wieder Sinn

Hängt man sich schließlich Idole hin

Und Zöllner sind auch bloß Wegelagerer!

Orion 2020

Sie sind die einzige Verbindung
Zur Geschichte unserer Ahnen
Wir können durch sie
In die Vergangenheit sehen

Doch wenngleich sie ewig scheinen,
Endlos ihre Kreise ziehen
Müssen auch die Sterne
Irgendwann einmal vergehen

Wer hätte gedacht
Dass auch wir
Den Verfall der Götter miterleben?

Sieh nur da!
Osiris' Schulter zucket schon
Die großen Pyramiden beben

Like Monkeys in Hell

Greed is an addiction, strong and severe
Transmitted by the fear of missing out
It clouds your eyes of what matters in life
And clears your schedule from doubt

Time goes by and you watch it run out
Chasing for the crumbs left behind
Caught in the machine that's running your life
And there's just no end in sight

Your world is crumbling
Your plans fall apart
You can't keep up with their demands
What's left is a shell of your former self
A robot just working on command

Look at those people with their heads hanging down
No sun is ever shining through the clouds
Doesn't even matter whether rich or poor
There's always something left to frown

Daily News feeding them their mood forecast
Keeping them frightened to the bone
They run around in panic like monkeys in hell
While others prefer to get stoned

IV

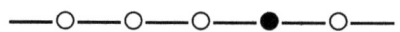

Dolos Station

Nach dem Abitur

Nach dem Abitur
Hab' ich nur eines vor
Nach der letzten Klausur
Hol' ich mein Bier hervor

Ja, ha-jah – Bier ist wunderbar
Ja, ha-jah – Bier ist wunderbar

Noch starr' ich aufs Papier
Schon dringt es an mein Ohr
Da draußen vor der Tür
Da singen sie laut im Chor

Ja, ha-jah – Bier ist wunderbar
Ja, ha-jah – Bier ist wunderbar

Wechselwirkung

eine Anekdote

Sie war unannehmbar dreckig,

Die Tasse, welche mir die Wirtin gab

Ich sagte: „Das ist mir zu viel der Würze!"

Da wischte sie die Tasse in der Schürze ab

Ich fragte: „Aber was ist mit der Schürze?"

„Ach", sagte sie, „die ist eh schon fleckig!"

Die Gourmets

Eine Anekdote

Es waren einmal ein paar Gourmets
Die tranken nur exquisite Tees
Eines Tages drang ihnen zu Ohr
Wie Tibeter ihn wohl genießen
Und sie kamen sich gar nobel vor
Als sie ihn sich munden ließen

Doch sonderbar war der Geschmack
Denn man trank ihn dort mit Fett vom Yak
Tapfer zwang man sie hinunter
Die Delikatesse aus Fernost
Und machte so den Pöbel munter
Mit der Wahrheit über diese Kost:

Weil Tibeter das Fett ja niemals tranken
Sondern mittels Strohalm an den Tee gelangten
Mit dem Fett schloss man die Wärme ein
An kalten Wintertagen
Das sollte eine Lehre sein
Fällt Denken schwer, hilft oftmals Fragen

Kapitän auf großer Fahrt

eine Anekdote

Der Beamte gab ihm zu verstehen

Den Sportbootführerschein

Den wolle er einmal sehen

Aber so etwas bringt einen Mann

Wie meinen Opa nicht ins Schwitzen

Er sagte nur: "Das wird nicht gehen

Denn ich habe gar keinen!"

"Aber zumindest einen Segelschein"

Nahm der Beamte darauf an

"Den werden Sie doch besitzen?"

"Leider auch nicht, nein"

Lässig ließ mein Opa ihn erbleichen

Das konnte doch nicht sein!

Fassungslos über diese Not

Sagte der Beamte dann:

"Sie brauchen aber für das Boot

Einen gültigen Führerschein"

"Sicher." Mein Opa ließ die Zähne blitzen

"Ich dachte nur, ein A6 würde da reichen!"

Er ist wieder da

für Richy

Das Schiff legt an
Und das erste Gerücht besagt:
"Er ist wieder da -
Versteckt eure Töchter!"

Denn das Chaos naht
Und mit ihm der Spaß
Den haben wir hier
Schon lang nicht gehabt

Und schon verfällt
Die Welt in Panik
"Das Ende naht!"
Stimmt ja gar nicht!

Habt keine Angst
Lasst euch einfach darauf ein
Wenn ihr es locker angeht
Könnt ihr sicher sein

Richy ist ein cooler Typ
Den haben wirklich alle lieb
Richy ist ein cooler Typ
Den mag wirklich jeder

Hoch mit euch!
Getanzt wird auf dem Thresen
Die Post geht ab
Vergesst doch mal den Besen

Denn Spähne fallen
Wo die Fetzen fliegen
Das tritt sich fest
Lass einfach liegen

Lasst die Korken knallen
Und dreht noch mal auf
Wie ihr wollt heim?
Ich komm grad erst drauf!

Jetzt schon schlafen
Das wär doch gelacht
Lasst uns das feiern
Diese epische Nacht

Denn

Richy ist ein cooler Typ

Den haben wirklich alle lieb

Richy ist ein cooler Typ

Den mag wirklich jeder

Und fährt er schließlich fort

An einen fernen Ort

Vergiss es nie mein Kind

Wie süß die Lebensfreuden sind

Drum sei auch nicht betrübt

Wenn du weißt, dass er dich liebt

Bevor die ganze Welt zusammen fällt

Kommt er zu dir zurück

Denn

Richy ist ein cooler Typ

Den haben wirklich alle lieb

Richy ist ein cooler Typ

Den mag wirklich jeder

Leise kommt er

Laut spricht er

Schnell verhallt sein Klang

Doch lange hält er an

Auf, auf Matrosen

Auf, auf Matrosen, seid aufgestanden

Denn es gibt viel für euch zu tun

Lichtet Anker, löst die Leinen

Keine Zeit sich auszuruhen

Voll beladen mit Arbeitssklaven

Für Cotton und Kaffee

Setzt die Segel, in die Wandten

Wir fahren hoch zur See

Der Ball ist rund

Diese Weltreligion heißt Fußball
Ob in Europa oder Amerika
Asien oder gar Afrika
Man findet sie einfach überall

Ihre Messen heißen Spiele
Der Götter gibt es ihrer viele
Spieler, Trainer, Manager
Mannigfaltig ist die Götterschar
Vielgestalt sind auch Pokale
Der Götter edle Wandergrale

Ihre Anhänger nennt man Fans
Die Sünder heißen Hooligans
Ein Fan ist berufen zu loben und zu jubeln
Doch darf er auch ungestraft tadeln
Hauptsache ist, dass er auf der Messe singt
Und stetig reiche Opfer bringt

Vorzug und Verehrung sind emotional
Seltener temporär, aber oft regional
Wer wahrhaft glaubt, trägt in ganzer Pracht
Die farbenfrohe Göttertracht
Und singt und jubelt sein Bekenntnis
Für manchen Ketzer ein Geständnis

Denn für solch überstarke Leidenschaft
Fehlt dann und wann Verständnis
Gar mancher sperrt sich dann und schwört
Dass, wenn er die Götter reden hört
Er sich fragen muss, ob nicht allzu viel
Der Fußball auf die Köpfe fiel

Doch so ist das mit der Religion
Wie Wogen kann sie Massen spalten
Des einen Spott und böser Hohn
Des anderen Halt und Seelenlohn
Und schön ist es, sich rauszuhalten!

Hör doch mal!

Was man nicht alles hört

Wenn man nur lauscht:

Ein Strauch weht vorbei ganz leis'

Die Linde rauscht

Und in der Ferne fällt ein Sack Reis

Was ist es?

Wir haben da etwas entdeckt

Die Marisol ist nicht perfekt

Denn eines kann die Dame nicht

Und davon handelt dies Gedicht

Geschissen ist beschissen
Beflügelt ist die Wurst
Auch Wasser wird in Massen
Dort gelassen
Doch habe ich keinen Durst

Ach, wie gut, dass niemand weiß,
Was ich außer meinem Scheiß
Hier noch gelassen hab'

Ach, wie peinlich
Spül' ich reichlich
Dieser Verse mit hinab

Der letzte Rauch von Uganda

Mach ihn tot
Mach ihn tot
Mach ihn endlich kalt

Mach ihn tot
Mach ihn tot
Mach ihn tot

Hier mach ihn tot
Das sieht schon wieder aus
Wie der letzte Rauch von Uganda

Die Sniffte ist gepifft, das Schnitzel ist paniert
Die Kanüle ist verlegt, die Fregatte ist frittiert

Was wir nicht haben, können wir nicht rauchen
Komm, jetzt mach das Scheißding endlich aus

Bis spät in die Nacht

Es war am Tag des Sommeranfangs
Die Nacht fiel über uns ein
Der Gegner war stark an Kampfkraft und Zahl
Aber wir standen in festen Reih'n

Die Schlacht währte lang, die Verluste war'n groß
Und dennoch hielten wir stand
Wir brachen den Wall aus Schilden und Speer'n
Und jagten sie aus uns'rem Land

So manche Heldentat hab'n wir vollbracht
Man kennt uns bis weit übersee
Wir kämpfen von früh bis spät in die Nacht
Doch haben uns niemals geseh'n

Wir haben Geiseln aus Lagern befreit
Eroberten die *Outer-RIM*
Die Horden der Hölle bezwangen auch wir
Besiegten die *Schwertmeisterin*

Wir haben schon so vieles erlebt

Was ihr nie zu träumen gewagt

Das Leben ein Spiel ohne Schmerz oder Leid

Als wär' man im Traume erwacht

So manche Heldentat hab'n wir vollbracht

Man kennt uns bis weit übersee

Wir kämpfen von früh bis spät in die Nacht

Doch haben uns niemals geseh'n

D'rum sagt, woher nehmt ihr die Dreistigkeit

Zu behaupten es wär' nie gescheh'n

Ihr ward nicht dabei, ihr habt's nicht geseh'n

Und doch war es in Raum und Zeit

So manche Heldentat hab'n wir vollbracht

Man kennt uns bis weit übersee

Wir kämpfen von früh bis spät in die Nacht

Doch haben uns niemals geseh'n

Wir haben nichts zu tun

Wir dödeln hier nur vor uns hin
Und schlafen wenn wir müde sind
Sehen zu wie die Zeit verrinnt
Sehen zu, dass die Lunte brennt

Denn wir haben nichts zu tun
Schon müde davon uns auszuruhen
Wir haben nichts zu tun
Und sind zu breit

Wir können ja erstmal alles drehen
Und dann sehen was wir davon nehmen
Der erste Take der wird schon gehen
Es muss ja schließlich weitergehen

Denn wir haben nichts zu tun
Schon müde davon uns auszuruhen
Wir haben nichts zu tun
Und sind zu breit

Willst du arbeitslos im Lockdown sein
Hast du 'ne Menge Zeit
Willst du arbeitslos im Lockdown sein
Sei besser breit

Was haben wir geraucht?

Dieser Wein wird kein guter sein
Dieser Wein wird sauer und schwer
Die Auswahl wird zu klein wohl sein
Dennoch wird die Flasche schon leer

Denn was haben wir geraucht?
Das haut mich von den Beinen
Was haben wir geraucht?
Das war ich nicht ganz alleine

Was haben wir geraucht, gezogen
Genommen und verdaut?
Entschuldigung, was haben wir geraucht?
Entschuldigung, was haben wir geraucht?

Hör mal zu mein Freund
Am Morgen ein Joint und der Tach ist dein Freund
Ich wär so gerne high
Bau mal eine Line, die zieh' ich mir rein
Dann bin ich in der Plastikwelt
In der es mir gefällt
Auf Keta bin ich einfach nicht ich selbst

Denn was haben wir geraucht?

Das haut mich von den Beinen

Was haben wir geraucht?

Das war ich nicht ganz alleine

Was haben wir geraucht, gezogen

Genommen und verdaut?

Entschuldigung, was haben wir geraucht?

Entschuldigung, was haben wir geraucht?

Am Fuße der Altvorderen / Der Koboldreigen

Am Fuß des Bergs sink' ich in die Farne
Und bette mich ins weiche Moos
Verschmelze dort mit Torf und Erde
Und lasse meine Seele los

Die Kobolde versammeln sich
Und bilden einen Reigen
Immer schneller drehen sie sich
Und singen laut im Chor

Hab' keine Angst und komm' mit uns
Wir wollen wollen dir was zeigen
Durch das Tor aus der Vernunft
Wir machen es dir vor

Dann verschwimmt die Welt in Farben
Und das Mondlicht saugt mich in sich ein
Mein Geist verfliegt wie Nebelschwaden
Und hört dann schließlich auf zu sein

Die Kobolde versammeln sich
Und bilden einen Reigen
Immer schneller drehen sie sich
Und singen laut im Chor

Hab' keine Angst und komm' mit uns
Wir wollen wollen dir was zeigen
Durch das Tor aus der Vernunft
Wir machen es dir vor

Die Botschaft

Meine Frau tat allen kund

Sie schrie es laut

Aus vollem Mund

Das grad' war der Höhepunkt

Scherben

Ich bin ein Held

Wie er im Buche steht

Ein Held

Wie ihr sonst keinen seht

Ein Held

Wie ihr sonst keinen kennt

Mein Stern

Erstrahlt am Firmament

My baggage is packed

Got everything I need

To go my own way

Off-grid and finally free

Will never turn back

It Will Kill (Ode to Doug Marcaida)

Go, go Doug Marcaida
Will my weapon kill?
Go, go Doug Marcaida
Will my weapon kill?

It slices and it dices
It lacerates the spine
I love the balance, I love the feel
But most importantly, it will kill!

Go, go Doug Marcaida
Will my weapon kill?
Go, go Doug Marcaida
Will my weapon kill?

If it doesn't cut, if it doesn't kill
Doug Marcaida will
If it doesn't cut, if it doesn't kill
Doug Marcaida will

Water from the Bottles

We're feasting at this table
Full of food and noble wine
But while the boar is roasting well
Let's remember harder times

Of the coldest days, and the darkest nights
And the friends we left behind

And we're drinking the Whiskey
Like water from the bottles
Water from the bottles
Of the fallen sons of ours

No one else remembers
Their faces nor their names
Only we who stood with them
Can still feel their pain

So raise your cup, and drink it up
Cheers to their memory

And we're drinking the Whiskey
Like water from the bottles
Water from the bottles
Of the fallen sons of ours

A Law Of Our Time

Get woke, go broke

Get woke, go broke

Get woke, go broke

Get woke, go broke

It's not a law of nature

But a law of our time

Now hear me out and listen

If you do wanna survive

Get woke, go broke

Get woke, go broke

Get woke,go broke

It's a law of our time

Like Schrödinger's cat
Can be dead and alive
She's still part of the game
She's gonna throw the dice

And when you open the box
You've got to realize
They didn't take into count
She even has got nine lives

Die Gutenachthütte

Es ist spät in der Nacht
Und wir sind immer noch wach
Die Gutenachthütte hat
Ihre Wunder vollbracht
Die Gutenachthütte

Es ist zwanzig nach vier
Wir hocken immer noch hier
Bis viertel vor acht
Let's call it a Nacht
Mit Gutenachthütte

Heut' wird die Nacht zum Tag gemacht
Wir robben die Hood bis viertel vor acht
Heut' wird die Nacht zum Tag gemacht
Wir robben die Hood bis viertel vor acht
Mit Gutenachthütte

Erst wenn der Rauch vergeht
Kann man sie schlafen sehen
Rainer ist noch wach und baut sich ein'
Das muss die Gutenachthütte sein

Phaseninversion

Umnachtet blick' ich in die Sonne
Die tief in deinem Rücken steht
Bewund're dein Gewand voll Wonne
Wie es transparent im Winde weht

Ich weiß, du bist kein Wunderwesen
Es ist alles Illusion
Die innere und die äuß're Phase
Bilden eine Emulsion

Doch die Vernunft beginnt zu taumeln
Noch bevor der Zauber brechen kann
Denn du siehst mich sprachlos staunen
Und kommst ganz nah an mich heran

Als du vor mir stehst und lächelst
Wird mir endlich klar
Dass die äuß're Phase echt ist
Und die innere wird wahr

V

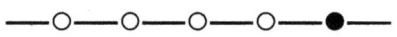

Merkur

Von wegen

Vorüber ist die Zeit der Not

Ich stehe nun in Lohn und Brot

Der Engpass ist überwunden

Ich habe zu mir selbst gefunden

Hart ist das Leben an der Küste

Hart ist das Leben an der Küste

Anfangs hat sich jeder noch geplagt

Hart ist das Leben an der Küste

Das hat der Thomas schon gesagt

Fahr rein!

Hagelt's Briefe und Pakete in der ganzen Nation
Dann ist wieder Weihnacht auf der Poststation
Du bist gerade neu und ertrinkst in der Flut
Wie soll man das nur schaffen?
Doch verlier' nicht den Mut

Fahr rein, Mensch, Junge!
Es ist schon spät
Komm, fahr rein!
Dann wird halt 'n Abbruch hingelegt

Schon morgens beim Sortieren
Hängst du hinterher
Kommst viel zu spät raus
Das macht es doppelt schwer
Draußen wird es dunkel
Du hängst noch mitten drin
Du willst es einfach schaffen
Doch das haut überhaupt nicht hin

Fahr rein, Mensch, Junge!
Es ist schon spät
Komm, fahr rein!
Dann wird halt 'n Abbruch hingelegt

Mit der Zeit kommt die Routine
Du kriegst es endlich hin
Ohne zu Ahnen
Dass g'rad ruhige Zeiten sind
Mit Ostern kommt der Postrückgang
Die Kräfte schwinden schnell
Zum Glück besagt das neue
Arbeitszeitmodell

Fahr rein, Mensch, Junge!
Es ist schon spät
Komm, fahr rein!
Dann wird halt 'n Abbruch hingelegt

Lad' auf die Post

Ist das Wetter auch kalt und nass
Lad' auf die Post und trag sie aus
Macht die Arbeit auch keinen Spaß
Lad' auf die Post und trag sie aus

Haus für Haus, Tag ein Tag aus
Lad' auf die Post und trag sie aus
Haus für Haus, Tag ein Tag aus
Lad' auf die Post und trag sie aus

Pass bloß auf, dass du's richtig machst
Haus für Haus, Tag ein Tag aus
Auch wenn es nicht in den Kasten passt
Haus für Haus, Tag ein Tag aus

Haus für Haus, Tag ein Tag aus
Lad' auf die Post und trag sie aus
Haus für Haus, Tag ein Tag aus
Lad' auf die Post und trag sie aus

Du bestellst und wir tragen's aus
Haus für Haus, Tag ein Tag aus
Du bestellst und wir tragen's aus
Haus für Haus, Tag ein Tag aus

Haus für Haus, Tag ein Tag aus
Lad' auf die Post und trag sie aus
Haus für Haus, Tag ein Tag aus
Lad' auf die Post und trag sie aus

Zieh' bloß warme Kleidung an
Denn der Wind treibt Regen übers Land
Lad' auf die Post
Lad' auf die Post
Lad' auf die Post
Und trag sie aus

Mach halt einen Abbruch

Mach halt einen Abbruch
Fahr halt endlich rein
Mach halt einen Abbruch
Dann kannst du endlich heim

Mach halt einen Abbruch
Fahr heut' keine Post mehr aus
Mach halt einen Abbruch
Und danach kannst du nach Haus

Abends gibt es was zu trinken
Glas für Glas den Doppelkorn
Bis wir voll ins Bettchen sinken
Und danach geht das von vorn

Rauf, rauf, die Treppen geht es rauf
Wo geht die Tür bloß auf?
„Oh, ist das etwa ein Paket?"
Nein, der Einwurf passt nicht rein

Alte Leute

Alte Leute kriegen furchtbar gern EA
Und wehe es ist nicht schon Freitag da
Dabei steht der ganze Dreck im Internet
Aber alte Leute wollen den Prospekt

Sie sitzen zusammen und planen das Sparen
Wer in welchen Laden geht
Sie sitzen zusammen und planen das Sparen
Samstag ist es dafür zu spät

Widmung

Ich schrieb nicht nur

Weil ich nichts zu sagen wusste

Sondern auch, weil ich musste

Wollte ich die Worte nicht verlieren

Wenn sie plötzlich kamen

Denn klingen tun sie nur im Fluss

Auf dessen Gelingen ich stets warten muss

Ich kann ihn nicht einfach kreieren

Im vorgesetzten Rahmen

Entfalten sie nie ihre Kraft